現代語抄訳

後世への最大遺物

大山国男 訳

内村鑑三 著

「我名《わが》のために一杯の水にても汝等《なんじら》に飲ますする者は我《わ》れまことに汝等に告《つ》げん、其人《その》は報償《むくい》を失《うしな》はざる也《なり》と（馬可《マルコ》伝九章四十一節）」

（大正元年十二月二十一日付　中村弥左衛門宛内村鑑三書簡より）

Taizai Kine
U.K.

滞在紀念碑に立つ内村鑑三先生（大正十五年頃）
写真：国際基督教大学図書館「内村鑑三記念文庫」蔵

はじめに

明治二十四（一八九一）年、キリスト教思想家、内村鑑三先生（以下敬称略）は当時第一高等中学の嘱託《しょくたく》教員でしたが、教育勅語奉読《ちょくごほうどく》式において天皇親署《しんしょ》に最敬礼しなかったことが社会問題化します。この「不敬事件」として有名な一件により、内村鑑三は日本中から非難を浴びることになります。東京を追われた内村は各地を流寓《りゅうぐう》したあと京都に逃れてきました。すでに雑誌書籍で内村の思想に触れていたと思われる便利堂創業者・中村弥二郎は、持ち前の大胆さで内村を訪ね知遇《ちぐう》を得たといいます。

弥左衛門・弥二郎兄弟は明治二十八年から約一年間、困窮を極めていた内村に中村家の離れを提供し、その縁によって内村の代表的著述である本書『後世への最大遺物』が明治三十年（一八九七）七月十五日に便利堂から刊行されました。

「人は後世に何を遺すのか。金、事業、思想なども一つの遺物である。しかし誰にでも遺すことができるもの、すなわち最大遺物とは、勇ましい高尚なる生涯である」と本書は説いていますが、この内村との出会いが精神的転機になったのか、弥二郎は明治三十四年（一九〇一）に便利堂を長兄弥左衛門に譲り上京、明治三十六年（一九〇三）年末頃に出版社「有楽社」を設立して、さらに個性的な出版を続けました。弥二郎上京後も、弥左衛門は内村との親交を深め、その関係は晩年まで続きました。

内村鑑三口演「後世への最大遺物」は、明治二十七年（一八九四）七月に神奈川県箱根駅近くの旧本陣、岳陽楼（石内旅館）で開かれたキリスト教青年会（ＹＭＣＡ）第六回夏期学校において、そこに集まって来た学生たちに向けて語られたものです。ちょうど便利堂に寄寓する前年に当たり、日清戦争が始まった年です。昭和十二年には岩波文庫化され、現在も現代表記に改められ刊行が続けられています。実に一二〇年にわたって読み継がれている名著であり、多くの若者がこの書を読んで志を立てたことでしょう。物質主義、金銭至上主義のはびこる現代において、真に生きるとはどういうことか。その主張は今でも、人生をいかにして歩もうかと模索している青年はもちろんのこと、それに限らず多くの方々にとって大きな示唆に富んだものだと考えます。その意味において、弊社にゆかり深い本書をぜひ便利堂社員の皆さんにも触れていただきたいと常々思っていました。

しかし、原文は残念ながら文語体の講演口調で、繰り返しの多い冗長《じょうちょう》な文章となっており、現代表記版でも少々読むのに骨が折れます。思案していたところ、大山国男氏による素晴らしい現代語訳ならびに要約されたテキストに巡り合い、氏のご快諾を得てここに簡単な冊子として刊行する運びとなりました。本書が少しでも多くの方々に資すれば幸甚です。ぜひご一読ください。

平成二十八年七月一日

本書刊行一二〇年・創業一三〇年を迎える年に

九代目便利堂主人

後世への最大遺物

はしがき

この小冊子は、明治二十七年七月、相州箱根駅において開設されたキリスト教徒第六夏期学校において私が講演した内容を、同校開催委員の承諾を得て本にまとめたものです。キリスト教と学生に関することが多いですが、とはいえ多少の一般的な人生問題について論じないわけにはいかず、その点が私の親友、京都便利堂主人がしいてこれを発刊しようとされた理由といえます。読者の皆さんに受け入れられることを願います。

明治三十年六月二十日

東京青山において

内村鑑三

再版に附す序言

一篇のキリスト教的演説に過ぎず、別にこれを一冊にする必要もないと思っていましたが、前発行者の勧めもあり、印刷にして世に公にしたところ、すでに数千部を出すに至りました。この点では私も多少なりとも世の中の役に立てたと信じるところでありますので、今一度、多くの訂正を加えて、再版することとしました。もしこの小冊子が、なおも新福音を広める道具となりうるならば幸いです。

明治三十二年十月三十日

東京角筈村において

内村鑑三

改正版への序

この講演は、日清戦争のあった年、すなわち今より三十一年前、私がまだ三十三歳の壮年だったときに、海老名弾正先生司会のもと、箱根山上、芦ノ湖湖畔おいて行ったものです。その年は私の娘ルツ*子が生まれた年です。その娘はすでに世を去り、またこの講演を本の形にして世に出した親友中村弥左衛門氏もついこのごろ世を去りました。その他この本が発表されて以来の世の変化は非常です。

多くの人がこの書を読んで志を立てて成功したと聞きます。その内に私と同じようにキリスト信者になった者も少なくないとのことです。そして彼らの内のある者はすでにキリスト教を「卒業」して今は背教者となっている者、またはキリスト教の文筆家となって、その攻撃の鉾先を私に向ける人も

＊ルツ子（一八九四―一九一二）　鑑三が便利堂に寄寓する前年の明治二十七年に生まれる。中村家四男の竹四郎（当時五歳）は、ルツと中庭のブランコで遊んだという。ルツは女学校を卒業してまもなく病に臥し、十七歳で亡くなった。

あります。実に世はさまざまであります。そして私は幸いにして今日まで生きながらえて、この書に書いてあることに多く相違せずに自分の生涯を送って来たことを神に感謝します。この小著そのものが私の「後世への最大遺物」の一つとなったことを感謝します。まさに頼山陽の詩のごとく「天地無始終（てんちしじゅうなく）、人生有生死（じんせいいせいしあり）」です。しかしいつかは死ぬべき人生において永遠の生命を発見する道があります。天地は滅びてもなお滅びないものを得る道がありま す。それを少しでも握ることができれば、それは成功であり、また私にとりましては大なる満足であります。

私は今よりさらに三十年生きようとは思いません。しかし過去三十年間生き残ったこの書は今よりなお三十年、あるいはそれ以上に生き残るであろうとみてもよろしかろうと思います。

私はこの小著をその最初の出版者である故中村弥左衛門氏に捧げます。彼の霊の天にあって安からんことを祈ります。

大正十四年（一九二五年）二月二十四日

東京外柏木において

内村鑑三

第一回

この夏期学校に来るついでに、私は東京に立ち寄りました。その時父が*頼山陽《らいさんよう》の古い詩を持ち出して来ました。これは私が彼からもらって初めて読んだ山陽の詩です。冒頭に幼い時に私の心を励ましてくれた一篇の詩があります。

「十有三春秋《じゅうゆうさんしゅんじゅう》　逝者已如水《ゆくものはすでにみずのごとし》　天地無始終《てんちしじゅうなく》　人生有生死《じんせいせいしあり》　安得類古人《いずくんぞこじんにるいして》　千載列青史《せんざいせいしにれっするをえん》」という、彼が十三歳の時に作った有名な詩です（*「述懐」）。

私は子供の時から体が弱く、社会に打って出ようという志《こころざし》もなく、また特別なつてがあったわけでもありませんが、この詩のように「千載青史《せんざいせいし》に列《れっ》する（歴史に名を残す）人間になりたい」という願いを抱いていました。

ところが、ある時キリスト教に触れて、この願いがだいぶ薄れてしまい、世の中を厭《いと》う気持ちが起こって来て、このような願いは、肉欲から来る、不信者の異邦人的な考えで、キリスト教徒たる者は、

＊頼山陽（一七八〇－一八三二）　大坂生まれの江戸時代後期の歴史家、思想家、漢詩人、文人。

＊「述懐《じゅっかい》」　山陽が数え年十四歳の正月を迎え、十三年の歳月を振り返り、人生を考え将来への大望を詠《よ》んだ詩。立志の詩として有名。「述懐」とは「思いを述べる」の意。
意訳：自分が生まれてから、すでに十三回の春と秋を過ごしてきた。水の流れと同様、時の流れは元へは戻らない。天地には始めも終わりもないが、人間は生まれたら必ず死ぬ時が来る。なんとしてでも昔の偉人のように、千年後の歴史に名をつらねたいものだ。

持ってはならないと思うようになりました。

確かに後々まで自分の名前をこの世の中に遺して、後世の人々に褒《ほ》めてもらいたいなどというのは、ちょうど昔エジプトの王様が自分の名前が後の世に伝わるようにと願って、たくさんの奴隷《どれい》を酷使して壮大なピラミッドを造成したり、日本では糸平*という人が「自分のために特大の墓を建てよ、そしてその墓には『天下の糸平』と有名な人に書いてもらえ」と遺言して、その結果立派な花崗岩《かこうがん》で伊藤*博文さんが書いた「天下之糸平」という碑が建っていたりしますが、これは決してキリスト教的な考えではないと思います。

しかし、私は「千載青史《せんざいせいし》に列《れっ》するを得《え》ん」という考えはそんなに悪い考えではなく、むしろキリスト者が持つべき考えではないかと思うのです。

私にとってこの地上の人生は天に行く階段であって、ちょうど大学に入る前の予備校のようなものです。もし私たちの人生がわずか五十年で全てが消えてしまうと言うのなら、それは実にはかないものです。私は永遠の世界に私という人間を準備するためにこの世に中に生まれて来て、そこで流す涙も喜びも、すべての喜怒哀楽というものは、私の霊魂を徐々に作り上げ、ついに不滅の人間になって、もっと清い生涯を送るためにあるのだと確信しています。

ただ、私がこの世の中を生き抜いて安らかに天国に行き、予備校を卒業して天国である、大学に入ってしまったならば、それで十分かと自分の心に問うてみると、その時、私の心に聖なる願いが起こって来ます。

私に五十年の命をくれたこの美しい地球、この美しい国、我々を育ててくれた山や川、この楽しい社会、それらに私が何も遺さずには死んでしまいたくないとの願いです。

私はこの地上に何かを遺して逝《い》きたい。それによって後世の人に私を褒《ほ》めたてて欲しいとか、名誉を遺したいというのでなく、ただ私がどれほどこの地球を愛し、どれほどこの世界を愛し、どれほど私の同胞を思っていたかという記念のものをこの世に置いて逝きたいのです。すなわち英語で言うMemento《メメント》を遺したいのです。

私はアメリカの大学を卒業した時、同志と共に卒業式の当日、一本の樹を校内に植えて来ました。これは私を四年間育ててくれた学校に、私の感謝のしるしを遺して置きたかったからです。中には同級生で、金のあった人は、音楽堂や図書館、あるいは運動場を寄贈した者もありました。

お互い地上に生まれて来た以上は、この世の中にある間に少しなりともこの世の中を良くして行きたいと、私は思うのです。

有名な天文学者のハーシェル*が二十歳くらいの時に、友人に語って言いました。「我が愛する友よ、我々が死ぬ時には、我々が生まれた時より、世の中を少しなりとも良くして行こうではないか」と。実に美しい青年の願いではありませんか。ハーシェルの伝記を読むと、彼はこの世の中を非常に良くして行った人です。今まで知られなかった南半球の星を、植民地だったアフリカの喜望峰《きぼうほう》に行って描

* 糸平　幕末明治の実業家、田中平八（一八三四—八四）のこと。信濃国（長野県）生まれ。横浜で生糸の取引、洋銀の売買で財を成し、「天下の糸平」と自称した。石碑は明治二十四年、墨田区木母寺に建立された。
* 伊藤博文　（一八四一—一九〇九）政治家。周防国（山口県）生まれ。初め松下村塾に学び、木戸孝允に従い尊王攘夷運動に参加。最初の内閣総理大臣・枢密院議長・韓国統監等を歴任。
* ハーシェル　John Frederick William Herschel（1792–1871）イギリスの天文学者。

いて、すっかり天体図に載せました。それによって、今日の天文学者はどれだけ助けられたか、キリスト教伝播《でんぱ》に直接、間接どれだけの助けになったか計り知れません。

それで次に、何を我々が愛するこの地球に遺して去ろうかと言う問題です。

その中でまず第一番に大切なものは「金」です。死ぬ時に遺産金として、自分の子供にばかりでなく、それを社会に遺して逝《い》くということです。

こういうことをキリスト信者に言いますと、金を残すなどというのは、実に賤《いや》しい考えだと反対します。

私が明治十六年に初めて今の札幌農大を卒業して東京に出て来ました頃、東京ではキリスト教のリバイバルが起こっていました。私は実業教育を受けましたので、もちろんその頃は、億万の富を日本に残して、日本を救いたいという考えを持っていました。

ところがそのことをあるリバイバルに熱心な牧師先生に話したところ、さんざんに叱《しか》られました。「金を遺したい？　何と意気地《いくじ》のない！　そんなものはどうにでもなるから、君は福音のために働き給え」と言って戒《いまし》められました。しかし私はその決心を変えませんでした。今でもそうです。金を遺すことを賤《いや》しめるような人はやはり金のことに卑《いや》しい人です。けちな人です。

金の必要性はみなさんも十分に認めておいでなるでしょう。「金は宇宙に満ち満ちているものだから、いつでもできる」と言った人に向かって、*フランクリンは「それなら今あつらえて見給え」と言ったそうです。なるほど金と言うものはいつでも得られると思いますけれども、実際金の要る時になってから、それを得るのは非常に難しいものです。ほんとうに神の助けを受けた人でなければその富を一箇所に集めることはできないということです。

たとえば秋になると雁《かり》が空を飛んで来ます。それは誰が捕《と》ってもよろしい。しかしその雁を捕まえるのは難しいことです。人間の手に雁が十羽なり、二十羽なり集っているならば、それに価値がありますす。すなわち、手の内の一羽のスズメは木の上にいる二羽のスズメよりも価値がある、と言うのはこのことです。

そこで後世の人がこれを用いることができるように金を貯《た》めて逝《い》こうとする願いがみなさんの中にあるならば、私は心からそのことをその人に勧めたいと思います。

どうか、キリスト信者の中にもどんどん金持ちの実業家が起こってもらいたい。そして我々の後ろ盾になって、我々の心を十分に理解して、金銭的にも我々を支えていただきたい。

我々の今日の実際問題は、社会問題であろうと、教会問題であろうと、青年問題であろうと、教育問題であろうと、とどのつまりはやはり金銭問題です。

フィラデルフィアのジラード*というフランスの商人が、アメリカに移住して建てた有名な孤児院があります。これは世界一の孤児院です。小学生くらいの子供たちがおよそ七百人ばかりいます。中学、大学くらいまでの孤児を加えますならば、多分千人以上でしょう。彼の伝記を読みますと、細君は早く死んでしまって、彼は「妻はなし、子供はなし、私には何の生きる目的もない、けれども世界一の

＊フランクリン　Benjamin Franklin（1706–90）　アメリカの政治家、物理学者、気象学者。政治家としてアメリカ独立に多大な貢献をした。また、凧を用いた実験で、雷が電気であることを明らかにしたことでも知られる。
＊ジラード　Stephen Girard（1750–1831）　フランス生まれの実業家、社会事業家。

孤児院を建てたい」と言って、ただそのひとつの目的を持って、金を貯《た》めたのです。一生涯かかって貯めた金は、おおよそ二百万ドルばかりでした。それを持ってペンシルバニア州の人気のないところに地所を買った。死ぬ時に「この金で二つの孤児院を建てよ、一つは俺を育ててくれたところのニューオルリンズに、一つは俺の住んだところのフィラデルフィアに建てよ」と言いました。

その孤児院は寄付金が足りないために、事業が差し支えるような孤児院ではありません。ジラードが生涯かかって貯めた金をことごとく投じて建てたもので、それが今日のペンシルバニア州において大量の石炭と鉄を産出する山になっています。その富は何千万ドルするか分かりません。ですから今はどれだけ事業を拡張しても良い、ただ、拡張する人がいないだけです。

また有名な慈善家のピーボディー*はどうやって彼の大いなる事業を成し遂げたかと申しますと、彼が初めて故郷のベルモントの山から一文無しで出て来た時には、ボストンに出て大金持ちになろうという大願《たいがん》を持っていました。それで旅館の主人に「私はボストンまで行かなければならない。しかし日が暮れてしまうので今夜泊めてもらえないか」と聞いたら、その主人が可愛《かわい》そうだから泊めてやろうと言って喜んで引き受けてくれた。けれども、その時に彼は主人に「ただで泊まるのは嫌だ、何かさせてくれるならば泊まりたい」と言って、家を見渡したところ裏に薪《まき》がたくさん積んであった。それで「ご厄介《やっかい》になる代わりに、裏の薪を割らして下さい」と言って、主人の承諾を得て、昼過ぎから夜までかかって、薪を挽《ひ》き、これを割り、だいたいこのくらいで宿賃に足ると思うくらいまで働いて、その後に泊まったそうです。このピーボディーは一生を何のために費やしたかと言うと、何百万ドルと言う金を貯めて、ことに黒人の教育のために使った。

今日アメリカの黒人がそれなりに社会的地位を獲得しておりますのも、それはピーボディーのような慈善家のお蔭だと言わなければなりません。私はアメリカ人は、金にはたいへん弱い、金権主義にだいぶ侵食《しんしょく》された民族だと言うことも知っています。けれども、アメリカ人の中に金持ちがありまして、彼らが聖《きよ》き目的を持って金を貯め、それを聖きことのために用いて来たことによって、今日のアメリカの隆盛をなしたと言うことだけは、私も分かって日本に帰って来ました。

それでももし我々の中にも、こういう目的を持って金を貯める実業家が出て来ませんと、いくら起こっても国家の利益になりません。キリスト教信者が立ち上がって、自分のために儲《もう》けるのではなく、神の正しい道によって金を儲け、その富を国家のために使う実業家が今日起こることは、神学生の起こるよりも、私の望むところです。

かの紀伊国屋文左衛門*のように、百万両貯めて百万両使って見ようなどという卑しい考えを持たないで、百万両貯めて、百万両を神のために使って見ようというような実業家が出て欲しいのです。その百万両を国のために、社会のために、遺して逝こうという願望は、実に聖なる願望だと思います。

また、もしみなさんの中にそういう願望がありますならば、教育に従事する人たちは、「あなたの事業は卑しい事業だ」などと言って、その人を失望させないようにしてもらいたい。またそういう願いを持った人は、神がその人に命じたところの考えだと思って十分に自らそのことに励《はげ》まれることを

＊ピーボディー　George Peabody（1795–1869）　アメリカの実業家、社会事業家。
＊紀伊国屋文左衛門　（一六六九？—一七三四）　江戸中期の豪商。紀伊国（和歌山県）生まれ。略して「紀文」と呼ばれ、一代で築いた巨万の富を一代で使い果たし「紀文大尽」と言われた。

望みます。

しかしながら、誰もが金を貯める能力を持っていない。これはやはり一つのGenius《ジーニアス》（天才）ではないかと私は思います。私は残念ながらこの天才を持っていません。

私の今まで教えました生徒の中に、非常にこの才能を持っている者がいました。その人は北海道に一文無しで追い払われましたが、今は私に十倍する富を持っています。それで彼に「今に俺が貧乏になったら、君は俺を助けよ」と言っておきました。実に金儲けというものは、やはりほかの職業と同じように、ある人たちの天職です。誰でも金を儲けることができるかということについては、私は疑問です。

それで金儲けのことについては少しも考えてはいけない人が金を儲けようとしますと、その人は非常に穢《きた》く見えます。そればかりではなく遺し方が悪いと、ずいぶんと害を与えます。

それで金を貯める能力を持った人ばかりでなく、金を使う能力を持った人が出て来なければなりません。かの有名なグルード*という人は、生きている間に二千万ドル貯めたのですが、そのために親友四人までを自殺に追い込み、たくさんの会社を倒産させました。ある人が言うには「グルードが千ドルとまとまった金を慈善のために出したことはない」そうです。

彼は死ぬ時にその金をただ自分の子供に分け与えて死んだだけです。すなわち、グルードは金を貯めることを知って、金を使うことを知らなかった。それで金を遺物としようと思う人には、金を貯める能力とまたその金を使う能力がなくてはなりません。この二つの考えのない人、この二つの考えについて十分に弁《わきま》えない人が　金を貯めるということは、はなはだ危険なことだと思います。

さて、では私のように金を貯めることの下手な者、あるいは貯めてもそれを使う能力がない人は、後世への遺物として何を遺そうか？　もし金を遺すことができないならば、何を残そうか？　それで、金よりも良い遺物は何だろうかと考えて見ますと、「事業」です。事業とはすなわち金を使うことです。金は労働力を代表するものですから、労働力を使ってこれを事業に変え、事業を遺して逝くことができます。金を儲ける能力のない人でも事業家はたくさんいます。金持ちと事業家は二つの別もののように見えます。商売する人と金を貯める人とは人物が違うように見えます。大阪にいる人はたいそう金を使うことが上手ですが、京都にいる人は金を貯めることが上手です。東京の商人に聞いてみると、金を持っている人には商売はできない。金のない者が金を使って事業をするのだと言います。

純粋に事業家の成功を考えて見ますと、決して金があったからだけではありません。バンダービルト*は非常に金を作ることが上手でしたが、彼は他人の事業を助けただけです。有名なカリフォルニアのスタンフォード*は、たいへん金を儲けることが上手でした。しかしながらそのスタンフォードに三人の友人がいました。その友人のことは面白い話ですが、時間がないからお話ししませんけれど、金を儲けた人と、金を使う人と、色々います。

＊グールド　Jay Gould（1836–92）　アメリカの鉄道経営者。手段を問わない商取引で悪名をはせた。
＊バンダービルト　Cornelius Vanderbilt（1794–1877）　アメリカの鉄道経営者。グルードと競い合ったのち主要な鉄道を掌握したことで知られる。
＊スタンフォード　Leland Stanford（1824–93）　アメリカの実業家、政治家。スタンフォード大学を創立。

そこで、どういう事業が一番誰にも分かりやすいかと言うと、土木事業です。一つの土木事業を遺すことは、実に我々にとっても楽しいことですし、また永遠の喜びと富とを後世に遺すことではないかと思います。

今日も船に乗って、湖の向こうまで行きました。その南のほうに向かって水門があります。その水門というのは、山の裾《すそ》をくぐっている一つの隧道《すいどう》（トンネル）です。その隧道を通って、この湖水の水が沼津のほうに流れて、二千石から三千石の田を灌漑《かんがい》していると聞きました。そして昨日ある友人から、その隧道を掘った人の話を聞きました。それは今から六百年も前と言うことですが、誰が掘ったかは良く分からない。ただこれだけの伝説が残っています。

箱根の近くに百姓の兄弟がいて、互いに語り合って言った。「我々はこのありがたい国に生まれて来て、何か後世に遺して行かなければならない。何か我々にできることをやろうではないか」。兄は言った。「我々のような貧乏人には大事業を遺して逝《い》くことはできない」。すると弟が言った。「この山をくり抜いて湖水の水を取り、水田を興《おこ》してやれば、それは後世への大なる遺物になるではないか」。兄は「それは非常に面白い考えだ。ではお前は上のほうから掘れ、俺は下のほうから掘ろう。一生涯かかってもこの穴を掘ろうじゃないか」と言って二人して掘り始めた。どういうふうにやったかと言いますと、その頃は測量器械もないから、山の上にしるしを立てて、両方から掘って行ったようです。毎年毎年掘って行って、何十年か後に、下のほうから掘って来た者が、湖水のほうから掘って行った者の一メートル上に行き着いたけれども、御承知の通り水は高い方から低いほうに流れますから滝のように下に向かって流れ落ちて行った。

この二人の兄弟は生涯かかって、誰も人が見ていない時に、後世に事業を遺そうという奇特な心から、この大事業を成し遂げました。これは、今日に至っても我々を励ます所業ではありませんか。それによって、今の五ヵ村が、湖水の流れるところですから、旱魃《かんばつ》になったことは一度もなく、頼朝の時代（千五百年）から今日に至るまで年々米を収穫して来ました。

もし私が何もできないならば、私はこの兄弟に真似《まね》たいと思います。そのころは火薬もダイナマイトもなかった時代でしたから、あの隧道を掘るのは実に大変なことだったろうと思います。しかしそのことを成し遂げることができたこの兄弟は実に幸せな人間だったと思います。

大阪の天保山を切り開いて、かの安治川《あじがわ》を作った人は日本のために、非常な功績を残した人だと思います。安治川があるために、大阪の木津川の流れを北の方に取りまして、水を速くして、それによって水害を取り除いてしまったばかりでなく、深い港を造成して九州、四国から来る船をことごとくあそこに繋《つな》ぐことができるようになったのです。また秀吉の時代に切り開かれた吉野川は、以前は大阪の裏を流れていて、水害でもって人々を悩ましたのですが、堺と住吉の間に開鑿《かいさく》することによって大和川の水害がなくなり、そのおかげで何十ヵ村という村が大阪の後ろに生まれました。これは非常に大きな事業です。

それから有名な越後の阿賀野川《あがのがわ》を切り開いたことも実に偉大な事業です。今、新発田の十万石は日本におけるたぶん富の中心だろうと言われています。

これらの大事業を考えてみます時に、私の心の中には、もし金を後世に遺すことができないならば、私は事業を遺したいという考えが起こって来ます。

また土木事業ばかりでなく、その他の事業でも、もし我々が心をこめて成そうとする時には、ちょうど金に利息がつくようにだんだん大きくなって、終わりには非常に大きな事業となります。

このことを考えます時に、私はいつも有名な*デビッド・リビングストンのことを思い出さずにはいられません。それで諸君の中で英語のできる方にはスコットランドの教授、*ブレーキという人の書いた『Life《ライフ》 and《アンド》 Letters《レターズ》 of《オブ》 David《デビッド》 Livingstone《リビングストーン》』という本を読まれることをお勧めします。

私にとって聖書のほかに、私の生涯に大きな刺激を与えた本は二つあります。一つはカーライルの『クロムウェル伝』です。そのことについては後でお話します。それから次にこのブレーキ氏の書いた『デビッド・リビングストン』という本です。

それで、デビッド・リビングストンの生涯はどういうものだったかというと、私は彼を宗教家、あるいは宣教師と見るよりもむしろ大事業家として尊敬せざるを得ません。もし私は金を貯めることができないならば、あるいはまた土木事業を起こすことができないならば、デビッド・リビングストンのような事業をしたいと思います。

この人はスコットランドの機《はた》屋の子でして若い時から公共事業に関心がありました。彼はどこかに事業を起こしてみたいという願いを持って、始めは中国を目指していましたが、英国の伝道会社がその必要はないと言って許さなかったので、ついにアフリカに入って三十七年間自分の生涯をアフリカのために差し出し、初めのうちは主に伝道をしていましたけれども、アフリカを永遠に救うには伝道よりも、まずアフリカの内地を探検してその地理を明らかにし、これに貿易を開いて勢力を与えなければならない、そうすれば伝道は商売の結果として必ず進んで行くに違いないと考えて、伝道を止めて探険家になったのです。彼はアフリカを三度縦横に横切り、解らなかった湖の場所や、河の方向も定められました。それによって種々の大事業も起こりました。

しかしリビングストンの事業はそれで終わりませんでした。それがスタンレー*の探検となり、ペーテルス*の探検となり、チャンバレン*の探検となり、今日のいわゆるアフリカ問題について、リビングストンの事業が原因となっていないものは何一つありません。コンゴ自由国、すなわち、欧米九ヵ国が同盟して、プロテスタント主義の自由国をアフリカの中心に建てるに至ったのも、やはりリビングストンから始まったと言わなければなりません。

それから今日の英国、またアメリカ合衆国は偉大な国だと言われますが、それは何から始まったかと考えてみると、少し偏向するかも知れませんが、その理由はイギリスにピューリタンという党派が起こったからだと私は考えます。そしてピューリタン（清教徒）が大事業を遺しつつあるのは、その中に偉大な人物がいたからです。

* **デビッド・リビングストン**　David Livingstone（1813–73）　スコットランドの宣教師で探検家。医療伝道師としてヨーロッパ人で初めて、当時「暗黒大陸」と呼ばれていたアフリカ大陸を横断。アフリカでの奴隷解放に尽力した。
* **ブレーキ**　William Garden Blaikie（1820–99）　スコットランドの神学者、伝記作家。『リビングストンの生涯（The Life of David Livingstone』（一八八〇）
* **スタンレー**　Henry Morton Stanley（1841–1904）　アメリカのジャーナリスト、探検家。アフリカで消息を絶ったリビングストンを発見、その報道で有名となる。
* **ペーテルス**　Karl Peters（1856–1918）　ドイツの探検家。
* **チャンバレン**　Joseph Chamberlain（1836–1914）のことか　イギリスの政治家。植民地相としてイギリスのアフリカ進出を推進、南ア戦争を引き起こした。

オリバー・クロムウェル*という人物です。彼の政権はわずか五年で、その事業は彼の死と共にまったく終わってしまったように見えますけれども、そうではありません。彼の事業は今日のイギリスを作りつつあります。それだけではない、英国がクロムウェルの理想を達成するのはまだずっと未来のことだろうと思います。彼は後世に英国を、アメリカ合衆国を遺したのです。アングロサクソン民族がオーストラリアを従え、南アメリカに権力を得て南北アメリカを支配するようになったのも彼の遺した偉業と言わなければなりません。

第二回

昨晩は後世へ我々が遺して逝《い》くべきものについて、まず第一に金のことを話し、次に事業のお話をしました。事業をするには神から賜《たまわ》る天才がいるばかりでなく、また社会的地位も必要です。我々は時々、あの人は才能があるのに、なぜ何にもしないでいるのかと言ってその人を責《せ》めますけれども、それは酷《こく》だと思います。人は地位を得ますとずいぶんつまらない者でも大事業をするものです。ですから、事業を以《も》って人を評することはできません。

それで私は事業の才能もなし、地位も友だちも社会の賛成もなかったならば、世の中に何も遺すことはできないかというと、まだ残っているものがあると思います。何かと言うと、私の「思想」です。

もしこの世の中において私の考えを実行することができなければ、この思想を遺すことが可能なこと、すなわち、著述をすることと、学生を教えると言うことです。

それでこの二つのことをこれから論じたいと思います。まずその第一、著述をすることについて我々が心に常に抱いている思想を後世に伝える道具です。

偉大なる思想は、時には今の世の中でただちに実行することができないこともあります。だから、種だけを播《ま》いて逝こう、「我々は恨《うら》みを抱いて、地下に降らんとすれども、汝《なんじ》ら我が後に来る人々よ、折あらば我が思想を実行せよ」と後世へ言い残すのが書物です。

二千年前のユダヤの漁夫や世に知られない人々が「新約聖書」という書物を書きました。そうしてその小さい本がついに全世界を改めました。また頼山陽《らいさんよう》という人は勤皇論《きんのう》を書いた人ですが、彼は日本を復活させるには日本を一つにしなければならない、それには徳川の封建《ほうけん》政治をやめて、皇室を尊《とうと》び王朝の時代に戻さなければならないと言う大思想を持っていました。しかしながら山陽は彼の生きている間にはとてもこのことができないことを知っていました。それで自分の志《こころざし》を『日本外史《がいし》』に書き残しました。そして特別に王室を保護するように書くのではなく、源平以来の皇室以外の歴史を勤皇の精神を持って書き遺しました。

今日の王政復古を来たらせた原動力は何だったかと言えば、多くの歴史家が言うとおり、山陽の『日

＊オリバー・クロムウェル　Oliver Cromwell（1599–1658）イギリスの政治家。ピューリタン（清教徒）革命の指導者。内乱の終結後、議会を主導し、一六四八年にチャールズ一世を処刑。翌年、共和国を成立させた。

本外史』がその一つでした。彼はその思想を遺して日本を復活させたのです。彼の骨は洛陽東山に葬《ほうむ》られていますが、彼のAmbition《アンビション》（願望）は『日本外史』を通して、新しい日本を誕生させたのです。

イギリスに今から二百年前、痩《や》せこけて背の低い病気がちな一人の学者がいました。いつも貧乏で裏だなのようなところに住んでいました。そのころ、十七世紀中ごろというのは、ヨーロッパでは国家主義が全盛でした。イタリア、イギリス、フランス、ドイツ、みな国家的精神を養わなければならないと言って、社会は挙げて国家と言う全体主義に全思想を傾《かたむ》けていた時です。

しかし彼は人とは違った一つの大思想を持っていました。個人は国家よりも大切だと言う思想です。この人は*ジョン・ロックで、その書いた本は『Essay on Human Understanding《エッセイ オン ヒューマン アンダースタンディング》』です。

この本がフランスに渡って、*ルソーが読み、*モンテスキューが読み、*ミラボーが読みました。そうしてその思想がフランス全国に行き渡って、ついに一七九〇年フランスの大革命が起きて、フランスの二千八百万の国民を動かしました。やがて十九世紀の初めにはヨーロッパ中が動き出しました。それから合衆国が生まれました。またフランス共和国が生まれました。ハンガリーの改革もあり、イタリアの独立もありました。これらはすべてジョン・ロックの思想から影響を受けているのです。彼は実に今日のヨーロッパを支配する人となったと言えます。

それで、もし我々が事業を遺すことができなければ、思想を遺して将来において、事業をなすことができると私は思います。

ところでここで、みなさんに注意しておかなければならないことがあります。我々の中で誰でも筆を取って雑誌か何かに批評でも載《の》せれば、それで文学者だと思う人がいます。「文学」と言うものは怠《なま》け書生の一つのおもちゃであって、誰にでもできる気楽なもののように考えられています。その生涯はどんなものだろうと思っているかと言うと、赤く塗ってある御堂の中に美しい女が机の前に座っていて、向こうから月が上がって来るのを、筆をかざして眺めているというような風景です。これは何かと言うと、紫式部が源氏の間で本をしたためている姿です。これが日本流の文学者です。

しかし、文学がこんなものならば、後世への遺物ではなく、却《かえ》って後世への害物だと私は思います。なるほど、『源氏物語』は美しい言葉を日本に伝えたかも知れません。しかし、『源氏物語』が日本人の士気《しき》を鼓舞《こぶ》するために何をしたでしょうか。何もしないばかりでなく、我々を女のような意気地なしにしたのです。あの様な文学は我々の中から根こそぎ絶やしてしまいたい。

文学はそんなものではありません。文学は我々がこの世界で戦争する時の道具です。今日戦争することができないから、未来において戦争しようと言うのが、文学です。それですから、文学者が机の

＊**ジョン・ロック** Jhon Locke（1632–1704） イギリスの哲学者、政治思想家。クロムウェルが指導するピューリタン革命の時代に少年期と青年期を過ごす。イギリス経験論の父と呼ばれ、主著『人間悟性論（An Essay concerning Human Understanding）』（一六八九）において経験論的認識論を体系化した。

＊**ルソー** Jean-Jacques Rousseau（1712–78） フランスで活躍した哲学者、政治哲学者。個人の自由を主張する「一般意志」を唱え、人民主権の概念によりフランス革命や民主主義の進展に大きな影響を与えた。

＊**モンテスキュー** Charles-Louis de Montesquieu（1689–1755） フランスの哲学者、啓蒙思想家。三権分立論はアメリカ憲法やフランス革命に影響を与えた。

＊**ミラボー** Honoré-Gabriel de Riquetti. Comte de Mirabeau（1749–91） フランスの政治家。フランス革命初期の中心的指導者。

前に立ちます時には、ルター*がウォルムス*の会議に、パウロ*がアグリッパ*王の前に立った時と同じであり、クロムウェルが剣を抜いてダンバー*の戦場に臨んだ時と同じことです。

この社会、この国を更に良くしよう、敵である悪魔を平らげようとの目的を持って文学で戦争するのです。ルターが部屋で書き物をしていた時、悪魔が出て来たので、インクスタンドを取って悪魔にぶっつけたという話がありますが、これがほんとうの文学だと思います。

有名なウォルフ*将軍がケベックの町を取るときに、グレイのエレジーを口ずさみながら語った言葉があります。「このケベックを取るよりも、我はむしろこのエレジーを書かん」と。

このエレジーは過激な文章ではありません。しかしイギリス人の心を、ウォルフ将軍のような心をどれだけ慰め励ましたか知れません。

このトーマス・グレイ*という人は有名な文学者で博学、多才な人でした。しかし、彼が何を遺したかというと、たぶん二百か三百ページくらいの本で、しかもその中のエレジーと言う、たった三百行の詩のほかに目立ったものは何もありません。彼の四十八年の生涯はエレジーを書いて終わってしまったのです。

しかしたぶん英語が話されているかぎり、彼のエレジーは忘れられないでしょう。なぜなら、この詩ほど多くの人を、ことに多くの貧しい人を慰め、世に容《い》れられない人たちを慰《なぐさ》め、志を抱いていながらそれを世の中に発表することのできない者たちを慰めたものはありません。彼はこのことによって実は大事業を行った人だと思います。

また有名な説教者ヘンリー・ビーチャー*が言った言葉に「私は六、七十年の私の生涯を送るよりも、むしろ*チャールス・ウェスレーの書いた「Jesus《ジーザス》, lover《ラヴァー》 of《オブ》 my《マイ》 soul《ソウル》」の賛美歌を作ったほうが良い」と申しました。彼がウェスレーの熱烈な崇拝者であったにしても、この歌の中に、どれだけの真情、どれだけの趣《おもむ》き、どれだけの希望があるのかを見ます時、あるいはビーチャーの言ったことはほんとうかも知れません。

　このようにもし我々に思想があって、それをただちに実行できないならば、それを書物として後世に遺すことは大事業ではないかと思います。

　こう申しますと、諸君の中にはまたこういう人があるでしょう。すなわち、文学者は特別の才能を持った人で「我々には本を書くなどということはとてもできない、これまで筆を執《と》ったこともないし

*ルター　Martin Luther（1483–1546）　ドイツの牧師、神学者。宗教改革の創始者。

*ウォルムスの会議　Reichstag zu Worms　一五二一年にウォルムスで開かれた神聖ローマ帝国の帝国議会。マルティン・ルターがここで異端として教会から破門されたことで知られる。

*パウロ　Paulos（?–60）　キリスト教最初期の伝道者。

*アグリッパ王　Marcus Julius Agrippa II（27?–100?）　古代ユダヤの領主。新約聖書『使徒行伝』二十六章、とらわれの身であったパウロがアグリッパ王の前で弁明する。

*ダンバーの戦場　一六五〇年、スコットランドのダンバー（Dunbar）において、クロムウェルの政府軍がスコットランド軍を破り共和政を確立する。

*ウォルフ将軍　James Wolfe（1727–59）　カナダのケベック（Québec）でフランス軍に勝利し、同地におけるイギリスの支配の確立に貢献したことで知られる。

*トーマス・グレイ　Thomas Gray（1716–71）　イギリスの叙情詩人、古典学者。寡作であったが、代表作「エレジー（Elegy written in a Country Churchyard）」（田舎の教会墓地で詠んだ挽歌、一七五〇）が名高い。

*ヘンリー・ビーチャー　Henry Ward Beecher（1813–87）　アメリカの会衆派教会の牧師。奴隷廃止などの社会改革論者。

*チャールス・ウェスレー　Charles Wesley（1707–88）　イギリスの牧師。信仰覚醒運動であるメソジスト運動の指導者。多数の賛美歌を記したことで知られる。

学問もない。『源氏物語』を見ても、とてもこういう流暢《りゅうちょう》な文は書けない、山陽の文を見てとてもこういうものは書けないと思って、自分は文学者になることはできないと失望する人がいます。

その失望はどこから来たかと言いますと、文学についての柔弱《にゅうじゃく》な考えから起こったのです。すなわち『源氏物語』的な文学思想から起こったのです。しかし、文学と言うものはそんなものではありません。

*ジョン・バンヤンという人はちっとも学問のない人でした。もしあの人が読んだ本があるならば、バイブルと*フォックスの書いた『Books of Martyrs《ブックス オブ マータース》』（『殉教者列伝』）という二冊でした。

後のほうの本ですが、今ではこのような本を読む忍耐力のある人はいません。私は札幌にいたころそれを読んだことがありますが、十頁くらい読むと後は読む気がしなくなる本です。特に*クエーカーの書いた本ですから、間違いだらけです。しかしバンヤンは初めから終わりまでこの本を読みました。そして彼は言いました。「私はプラトンの本も、またアリストテレスの本も読んだことはない。ただイエス・キリストの恵みにあずかった憐《あわ》れな罪人だから、自分の思うまま、そのままを書こう」と言って『Pilgrim's Progress《ピルグリムス プログレス》』（*『天路歴程《てんろれきてい》』）という有名な本を書きました。

それでイギリス文学の批評家の中で第一番というフランス人*テーヌという人が、バンヤンのこの書を評して何と言ったかというと、「たぶん純粋と言う点から英語を論じた時にはこれに勝る文章はあるまい、これはまったく外からの混じりけのない、もっとも純粋な英語だろう」と言っています。

このように、かくも有名な本は何かと言うと、無学な人が書いた本です。それでもし我々にジョン・バンヤンの心がけ、すなわち我々が他人から聞いた、つまらない説を伝えるのではなく、自分の作りあげた学説を伝えるのでなく、私はこう感じた、私はこう苦しんだ、私はこう喜んだ、ということだけを書くならば、世間の人はどれだけ喜んでこれを読むか知れません。

現代の人が読むだけでなく、後世の人もきっと喜んで読むでしょう。バンヤンはほんとうに「真面目な宗教家」です。心の実験を真面目に表したものが英国第一等の文学です。

もし我々の中に文学者になりたいと思う気持ちを持つ人がありますなら、バンヤンのような心がけを持たなくてはなりません。彼のような心がけ持ったならば文学者になれない人はいないと思います。

この前、『基督《キリスト》教青年』という雑誌を出している丹波さんが私のところへ来まして、それをどう考えますかと聞かれたので、実につまらない雑誌だと答えました。どうしてかと言いますと、それは、青年が学者の真似をして、つまらない議論をあちこちから引き抜いて来て、のりでくっつけたような論文を出すからです。もし青年が心のままを書いてくれたならば、私はこれを大切に遺しておきましょうと申しました。

＊ジョン・バンヤン　John Bunyan（1628–88）　イギリスの説教家、キリスト教作家。鋳掛屋をしているとき書物によって信仰に目ざめ、非国教の新教の戦闘的説教者として再三投獄される。

＊フォックス　John Foxe（1516–87）　イギリス国教会の司祭。『殉教者列伝（Book of Martyrs）』は一五六三年に書かれており、内村鑑三はジョージ・フォックスと混同したようである（「クエーカー」の項参照）。

＊クエーカー　クエーカー（Quaker）は、キリスト友会（Religious Society of Friends）の別称。ジョージ・フォックスGeorge Fox（1624–91）によりイギリスで十七世紀に起こった霊的覚醒を重視したキリスト教運動。

＊『天路歴程』（正篇 1678・続篇 1684）「破滅の町」に住んでいた「クリスチャン」という男が、「虚栄の市」や破壊者アポルオンとの死闘など様々な困難な通り抜けて、「天の都」にたどり着くまでの旅の記録の体裁をとった寓意物語。プロテスタント世界で最も多く読まれた宗教書とされる。

＊テーヌ　Hippolyte Adolphe Taine（1828–93）　フランスの哲学者、文芸批評家、文学史家。

私は誰かの名論卓説を聞きたいのではありません。私は、女からは女の言うようなことを、男からは男の言うようなことを聞きたい。青年からは青年の、老人からは老人の思っている通りのことを聞きたいのです。それが文学だと思います。

ただ我々の心のままをすなおに表してみて下さい。そうすれば、いくら文法が間違っていても、世の中の人は読んでくれます。それこそが我々が後世に遺すものです。

私の家には高知から来た一人の女中がいます。非常に面白い女中で、いろいろの世話をしてくれますが、ある時はほとんど私の母のように世話をやいてくれます。その女が手紙を書くのをそばで見ていますと、非常に変わった手紙です。仮名で、土佐言葉のまま、長い手紙を書きます。実に読むのに骨が折れる。しかしながら私はいつでもそれを見て喜びます。

文学とは、我々の心情に訴えるものです。我々が文学者になれないのは、筆を取ることができないからではなく、漢文が書けないからでもありません。我々の心に鬱勃《うつぼつ》とした思想がこもっていて、我々が心のままに、ジョン・バンヤンのように綴《つづ》ることができるならば、それが最高の文学です。

こうしてもし我々が今の世の中に事業として遺すことができなければ、我々は書物を以って我々の考えを後世に遺して逝《い》くことができます。

しかしこう申しますと、またこういう問題が出て来ます。我々は金を貯めることができず、また事業をすることもできないならば、みんなが文学者になったら良いのでしょうか？　文学者が増えると言うことは、ただ印刷所と製紙会社を喜ばすだけで、あまり社会に益とならないかも知れません。

それでは、その他には後世への遺物はないのでしょうか。

なるほど、文学者になることは、やさしいこととは思いますが、しかし、誰でも文学者になることは、実際には望まれることではありません。

たとえばそれは、学校の先生が、……ある人が言うように、誰でも大学に入って学士の称号を取り、その上にアメリカへでも行って学校を卒業して来れば、それで先生になれると思うのと同じことです。私の通っていたアマースト大学のシーリー教頭*が、「この学校では月謝を払えば、地質学を研究する人、動物学を研究する人など、いくらでも学者は育てられる。しかしながらそれを教えることができる人は実に少ない」とたびたび仰っておられたことを今でもよく覚えています。

これは我々が深く考えるべきことで、学校さえ卒業さえすれば、必ず先生になれるという考えは持ってはならないと思います。学校の先生になるということは、特別の天職だと私は思っています。

良い先生というものは必ずしも大学者ではありません。私が札幌におりました時にクラーク先生*という教師がいて、植物学を受け持っていました。その頃には我々はクラーク先生を第一級の植物学者だと思って、先生の言われることは植物学上誤りのないことだと思っていました。

ところが彼の本国であるアメリカに行って聞くと、ある学者などは、「クラークが植物学について口を利くとは不思議だ」と言って笑っていました。

＊シーリー　Julius Hawley Seelye（1824–95）アメリカの宣教師、作家、アマースト大学の学長。新島襄と内村鑑三の恩師として知られる。

＊クラーク先生　William Smith Clark（1826–86）アメリカの教育者。札幌農学校（のちの北海道帝国大学）初代教頭として来日。「Boys, be ambitious（少年よ、大志を抱け）」の言葉で知られる。

しかしとにかく、先生は教えるということについてはカリスマ的な力を持っていた人でした。どういう力かというと、植物学を青年の頭の中に注ぎ込んで、植物学という学問に対してInterest《インタレスト》（興味）を起こさせることができる人でした。

ですから学問さえあれば誰でも先生になれるという考えは、捨て去ってしまわなければなりません。先生になる人は、学問ができるよりも、──学問もなくてはなりませんが──それを伝えることができる人でなければなりません。これは一つの才能です。ここに非常に重要な意味が含まれています。たとえ我々が文学者になりたい、学校の先生になりたいという望みがあっても、必ずしも誰にでもなれるものではないと思います。

ここに至ってまたこういう問題が出て来ます。文学者にもなれず、学校の先生にもなれなかったら、後世に何も遺すことができないかという問題です。私は無用の人間として、平凡な人生を送り死んで行かなければならないのでしょうか？

私はそれよりももっと大きい、今度は前の三つとは違いまして誰にも遺すことのできる最大遺物があると思います。これは実に最大遺物です。金も事業も大いなる遺物に違いありませんがこれらを最大遺物ということはできません。文学も後世への価値ある遺物とは思いますが、私はこれを最大遺物と言うことはできません。

その理由の一つは、誰にでも遺すことのできる遺物ではないからです。そればかりではなく、その結果は必ずしも害のないものではありません。お金は用い方が悪いと、たいへん害をもたらすものです。事業も同じです。クロムウェルの事業とか、リビングストンの事業はたいへん利益がありますが代わりにまた害が伴っています。また本を書くことも、その中に善いこともあり、また悪いこともたくさんあります。我々はそれを完全なる遺物または最大遺物と名づけることはできません。

それならば最大遺物とは何でしょうか？　誰にでも遺すことができる遺物、利益ばっかりで害のない遺物、それは「勇《いさ》ましい高尚《こうしょう》な生涯」だと私は思います。つまり「この世の中は決して悪魔が支配する世の中ではなく、神が支配する世の中だ」と言うこと、「失望の世の中ではなく、希望の世の中だ」と言うことを信じ抜いて生きる生涯です。それを生涯かけて実践し、世の中への贈り物としてこの世を去るということです。

今までの偉大な人々の事業や文学を考えて見ます時に、それらはその人の生涯に比べれば実に小さい遺物だろうと私は思います。

パウロの書簡は実に有益ですけれども、彼の生涯に比べれば価値のはなはだ少ないものではないでしょうか？　彼自身はこれらよりもはるかに偉大な存在だと思います。

クロムウェルがアングロサクソン民族の王国を造ったことは大事業ですけれども、彼があの時代に立ち上がって自分の思想を実行し、勇壮な生涯を送ったことは、その十倍も、百倍も価値のあることではないかと考えます。

私は昔からトーマス・カーライル*の本を非常に愛読しそれを読んで利益を得、刺激を受けて来ました。そして彼を非常に尊敬しています。けれども、私は彼の書いた四十冊ほどの本をみな集めてみても、

＊トーマス・カーライル　Thomas Carlyle（1795–1881）　イギリスの評論家、歴史家。ヴィクトリア朝時代を代表する言論人。

カーライル彼自身の生涯に比べた時には、それらは実に価値の低いものだと思います。

先日カーライル伝を読んでそのことを強く感じました。彼の著《あらわ》したもので一番有名なのは、『フランス革命史』です。この本を読む人は、今から百年ばかり前のフランス革命の歴史を目の前に活きている絵のように見せてくれることに感動するでしょう。

しかしながら彼の生涯の実験を見ますと、この本よりもまだまだ立派なものがあります。その話しは長いのですが、ここにみなさんにお話しすることを許していただきたい。

カーライルがこの書を著《あらわ》すのは彼にとってほとんど一生涯の仕事でした。広く材料を集めて、歴史的研究を凝《こ》らして出来上がった本です。何十年かかかって、実にカーライルの生涯の血を絞《しぼ》って書いたといっても過言でないものです。

彼はこれを原稿用紙に書いておいて、出版する時機を待っていました。ある時友人が来て、カーライルがその話しをしたら、「実に結構な書物だ。今晩一読を許してもらいたい」と言いました。カーライルは他人の批評を仰《あお》ぎたいと思ったので、それを貸してあげました。その友人はそれを家へ持って行きました。すると友人の友人がやって来て、これを手に取って読んで見て「これは面白い本だ。一つどうか今晩私に読ませてくれ」と言った。そこで友人が「明日の朝、早く持って来い。それならば貸してやる」と言って貸してあげた。するとこの人はまたこれを家へ持って行って一生懸命に読んで、明け方まで読んだが、明日の仕事に妨げになるというので、その本を机の上に放《ほう》りっぱなしにして、床について寝入ってしまった。翌朝下女がやって来て、彼の起きない前にストーブに火をつけようと思って、何かいい反古《ほご》紙はないかと思って調べたところ、机の前に書いたものがだいぶ散らかっていたので、これはいいだろうと思って、それをみんな丸めてストーブの中に入れて火をつけて焼いてしまった。カーライルの何十年かかかって書いた『革命史』が三分か四分の間に煙となってしまった。それで友人がこのことを聞いて非常に驚いた。なんとも言うことができない。紙幣を焼いたならば、紙幣で償《つぐな》うこともできる。家を焼いたならば、家を建ててやることもできる。しかし思想の凝《こ》ってなったもの、熱血を注いで何十年かかって書いたものを焼いてしまったものは、償いようがない。死んだものはもう生き返らない。そのために腹を切ったところで、何も変わりません。それで友人に話したところ、友人も実際どうすることもできず、一週間黙《だま》っていた。何と言っていいか分からない。仕方がないから、そのことをカーライルに言った。

その時、カーライルは十日ばかりぼんやりして何もしなかったと言うことです。さすがのカーライルもそうだったろうと思います。それで腹が立った。ずいぶん短気の人でしたから非常に腹を立てた。彼はその時は歴史の本などは放りだして、つまらない小説を読んでいたそうです。しかしその間に自分に帰って「トーマス・カーライルよ、お前は愚人《ぐじん》だ。お前の書いた『革命史』はそんなに貴重なものではない。最も尊《とうと》いのはお前がこの困難に耐《た》え再び筆を取ってそれを書き直すことだ。それがお前のほんとうに偉《えら》いところだ。実にこのことについて失望するような人間が書いた『革命史』を社会に出しても、役に立たない。だからもう一度書き直せ」と言う内なる声を聞いて、自分で自分を鼓舞《こぶ》して、再び筆を取って書いたのが『フランス革命史』です。

この話はこれだけです。しかし、我々がその時のカーライルの心情を理解しようとすると、実に想像に余りあります。カーライルの偉いところは『革命史』という本によってではなく、火で焼かれたものを再び書き直したと言うことです。もしその本が残っていなくとも、彼は実に後世への大いなる遺物を遺したのです。たとえ我々がいくら損《そこ》なっても、いくら不運にあっても、その時に事業を捨ててはならない、勇気を奮《ふる》い起こして再びそれに取り掛からなければならないという心を起こしてくれます。これによって、カーライルは非常な遺物を遺してくれた人ではないでしょうか？

今の日本は、金がない、事業が少ない、良い本がない、と人々は言います。しかし、日本人お互いが今必要としているのは何でしょうか？　私が考えるに、今日の第一の欠乏はLife《ライフ》（生命）だと思います。

近頃はしきりに学問や教育、すなわちCulture《カルチャー》（修養）ということが大きな関心事になっています。我々はどうしても学問をしなければならない。またどうしても我々は青年に学問を注ぎ込んで、後世の人に伝えなければならないと言います。

このことは大変良いことですが、もし我々が今から百年後にこの世に生まれて来たとして、明治二十七年頃の歴史を読むとすればどうでしょう。ここにも学校や教会、青年会館が建っている。それはある人がアメリカに行って金をもらって来て建てたとか、あるいはこういう運動をして建てたかという時に、「ああ、とても私にはそんなことはできない。今ではアメリカに行って金はもらえまい。私にはそういう真似はできない。私はそういう事業はできない」と言って失望するでしょう。

すなわち彼らは、学校や教会という建物を受け嗣《つ》ぐかも知れないが、彼ら自身を動かす大切な原動力をもらわない。

ところが、もしここに売却してみたところでほんのわずかの価値しかない教会が一つあったとします。それが建った歴史を聞いた時にこういう歴史だったとします……この教会を建てた人はほんとうに貧乏で、学問も別にない人だった。けれども彼は自分の全ての浪費を節約して、全ての欲情を去って、ただ自分の力だけに頼ってこの教会を建てた……。

こういう事を知ると私にも勇気が起こって来ます。彼にできたならば、自分にもできないことはない。私も一つやってみようと言うようになる。

さて、ここで私は近世の日本の英傑《えいけつ》、あるいは世界の英傑と言っても良い人の話をしましょう。その人は、ちょうど我々が泊まっているこの箱根の山の近所に生まれた人で二宮金次郎*という人です。この人の伝記を読んで私は非常に感動し、大きな感化を受けました。彼の事業はそれほど日本に広がってはいません。全部まとめてみても、二十カ村か、三十カ村かの人民を救っただけに止まっています。

しかしこの人の生涯が私に感動を与え、今日の日本の多くの人を感動させるわけは何かと言いますと、この人は事業ではなく、「生涯」という贈り物を遺したのです。

この人は十四歳の時に父を失い、十六歳の時に母を失い、家が貧乏で何もなく、そのために残酷《ざんこく》な伯父に預けられた人です。兄弟は弟一人、妹一人がありました。

では孤児のようなこの人がどうして生涯を立て直したかというと、伯父さんの家で手伝いをしている間に本が読みたくなった。夜、油の明かりで本を読んでいると伯父さんに叱られた。高い油を使っ

＊二宮金次郎　二宮尊徳（一七八七―一八五六）江戸時代の農村改良家、経世家（政治経済論者）、思想家。

て本を読むなどと言うことは馬鹿馬鹿しいと言って読ませなかった。それで、川辺へ行って、菜種《なたね》を蒔《ま》きました。一年かかって菜種を五、六升も取り、それを油屋へ行って油と取り換えて来て、それからその油で本を読みました。

ところがまた叱られた。「油が自分のものなら本を読んでも良いと思うのは見当違いだ。お前の時間も私のものだ。本を読むなどという馬鹿なことをするくらいなら、その時間に縄を撚《よ》れ」と言われた。それからまた仕方がないから伯父さんの言うとおり終日働いて、その後本を読んだ……。

こういう苦学をした人です。村人が遊んでいるお祭りの日などに、近所の畑の中に洪水で沼になったところに田んぼを作って稲を植えた。こうして初めて一俵《ぴょう》の米を取った。

その人の自伝によると「米を取った時の私の喜びは何とも言えなかった。これは天が私に初めて直接に授けたもので、その一俵は私にとって百万俵の価値があった」と言っている。それからその方法をだんだん続けて二十歳の時に伯父さんの家を辞した。そのときには三、四俵の米を持っていた。それからやり上げた人です。それでこの人の生涯を始めから終わりまでみますと、「この宇宙というものは天の造って下さったもので、実に恩恵の深いもので、人間を助けよう、助けようと思っている。だから我々が天地の法則にしたがって行動すれば、我々を助けてくれる」という考えを持っていました。それればかりでなく、その考えを実行しました。そしてついには多くの村々の農業を改良して献身的に働きました。江戸時代末期において、非常に功労のあった人です。

それで我々も二宮金次郎先生のような生涯をみますときに、「もしあの人にああいうことができたならば私にもできないことはない」という考えが沸《わ》いてきます。それは特別なものではありませんが、非常に意味のある生涯だと思います。人に頼らず神に頼り、宇宙の法則に従って生きて行けば、この世界は自分の願いどおりになるということを悟《さと》ることができます。彼の事業は小さかったけれども、彼の生涯は何と大きい生涯だったか知れません。

私だけでなく、多くの人々がこの人からインスピレーションを得ただろうと想像します。*『報徳記』という彼の自伝を読むと、実に聖書を読むような感じがします。

ですからもし我々が事業を遺すことができずとも、二宮金次郎のような生涯を生きて行ったならば、我々は実にこの世に大事業を遺す人ではないかと思います。

長くなりましたから、もう終わりにしますが、最後に常に私の生涯に深い感動を与えて来た言葉をみなさまの前に繰り返したいと思います。

アメリカのマサチューセッツ州*マウント・ホリヨーク・セミナリーという女学校は古い女学校で、たいへんよい女学校です。この女学校に非常に偉大な女性がいました。その人は立派な物理学の機械に優《まさ》って、立派な天文台に優って、あるいは立派な学者に優って、価値ある魂を持っていました。*メリー・ライオンという人です。

彼女は日本の武士のような人で実に義《ぎ》侠心《きょうしん》に満ち満ちていました。彼女が生徒たちに残した言葉

＊『報徳記』　尊徳の女婿にあたる門人富田高慶による二宮尊徳の伝記。

＊マウント・ホリヨーク・セミナリー　Mount Holyoke Seminary　メリーライオン（次項参照）により一八三七年に開校された。

＊メリー・ライオン　Mary Lyon（1797–1849）　アメリカの教育者。

は、女子ばかりではなく、男子をも励《はげ》ますものです。彼女は生徒たちにこう言いました。

他の人が行くことを嫌うところへ行け。

他の人が嫌がることをなせ。

これがこの学校の土台石です。これが世界を感化した力ではないかと思います。我々の多くは、他の人もするから自分もそうしようと言うのではありませんか？しかし、我々に邪魔があればあるほど、反対があればあるほど我々は後世に勇ましい生涯を残すことができます。友だちがない、金がない、学問がないけれども、神の恩恵によって、我々の信仰によってこれらの不足に打ち勝つことにより、我々は非常な事業を遺すことができます。

この心がけをもって我々が毎日進みましたならば、我々の生涯は川のほとりに植えた木のように、だんだんと芽を吹き枝を生じて行くものだと思います。それは私の最大の希望であり、私の心を毎日慰《なぐさ》め励《はげ》ますものです。

我々は後世に遺すものは何もなくとも、あの人はこの世の中に生きている間、まじめな生涯を送った人だと言われるだけのことを後世の人に残したいと思います。

（完）

解題にかえて――便利堂主人と内村鑑三、その交友三十年

本書『後世への最大遺物』は、明治三十年（一八九七）の便利堂版の刊行から本年七月をもって一二〇年を迎えます。

便利堂版の初版以後、明治三十二年（一八九九）には内村鑑三が主筆の東京独立雑誌より再版、明治三十四年（一九〇一）には警醒社書店版が刊行されるなど、刊行元を替えながらも版を重ねました。本書冒頭に再録された「再版に附す序言」は、この東京独立雑誌版に附されたものであり、つづく「改正版への序」は、関東大震災後の大正十四年（一九二五）に出された警醒社書店版の改版のものです。

その後、単行本としては昭和十二（一九三七）に「今日の困難」「カーライルの婦人観」を加えた『後世への最大遺物　他二篇』として岩波文庫化されました。そして、戦後すぐの昭和二十一年（一九四六）には『後世への最大遺物・デンマルク国の話』と編みなおされ再刊されています。平成二十三年（二〇一一）九月には、現代表記にあらためた改版が刊行され、今もなお新しい読者を獲得し続けています。

この平成二十三年は、戦後最悪の自然災害となった東日本大震災が起こった年です。関東大震災後の警醒社書店版改正版、第二次世界大戦後の岩波文庫版再刊など、人々が希望を見失いそうになる巡りあわせに、奇しくも本書はいつも新たな息吹が吹き込まれ読み継がれてきました。

「私は今よりさらに三十年生きようとは思いません。しかし過去三十年間生き残ったこの書は今よ

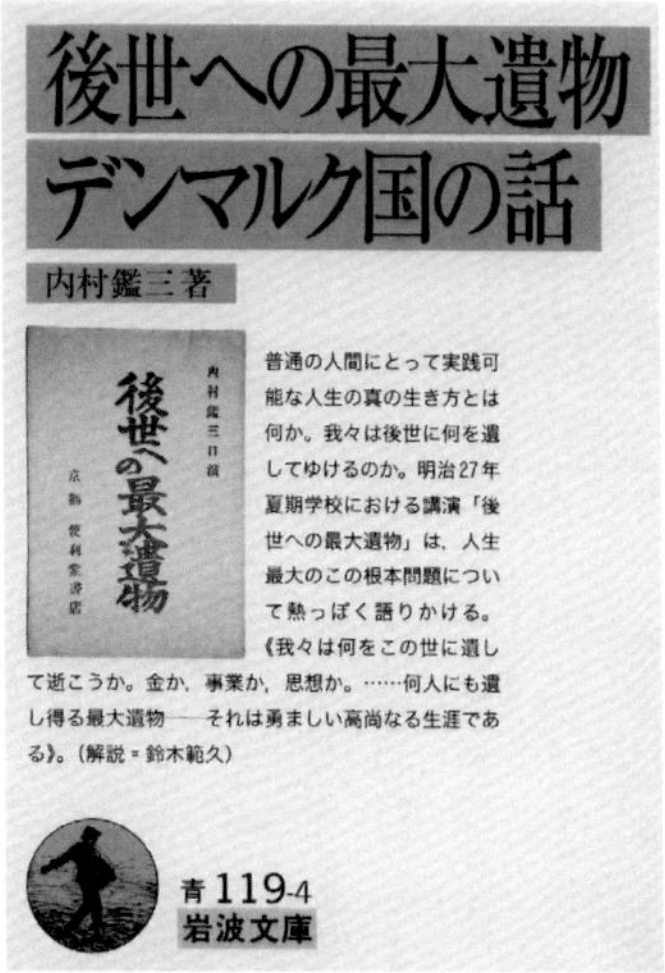

カバーに便利堂初版本の書影が掲載された岩波文庫（現代表記の改版）

りなお三十年、あるいはそれ以上に生き残るであろうとみてもよろしかろうと思います」。こう自ら改正版の序文に記した通り、まさに本書は不朽の名著となり、そして同時に、本書が捧げられた便利堂主人・中村弥左衛門との三十年の交友の証としても今に伝えるものとなりました。ここでは、本書の解説にかえて、内村鑑三と「便利堂主人」弥左衛門の交友について少し触れたいと思います。

京都時代の内村鑑三と便利堂

「不敬事件」による内村鑑三の西下流寓時代は、明治二十五年（一八九二）九月の大阪にはじまり、熊本、京都と転々としたのち、名古屋での明治三十年（一八九七）一月下旬頃で終わったと考えられています。このうち京都時代は明治二十六年八月から二十九年九月までの約三年間で、西下流寓時代四年半のうちの大半を京都で過ごしたことになります。数え年で三十三歳から三十六歳に至る壮年期でしたが、京都以外の地では教員として奉職していたものの、京都ではこれといった定職もなく、後年「飢餓と苦闘の三年間」と回顧した、まさに極貧の生活でした。

まず京都で身を寄せたのは、下立売通室町西入ル北側、三人目の妻シズの実家である岡田家でした。シズとは大阪流寓時代に知人の紹介で知り合い、明治二十五年十二月に結婚しました。シズこの時十八歳、内村とは十三歳も年が離れ、著名人とはいえ、国賊とまで呼ばれ窮迫のドン底にある人物との結婚でした。岡田家は岡崎藩の武家の出で、シズの父、岡田透は京都で判事を務めていました。内村の将来を見抜いたシズの兄と、「内村は敵をたくさん持つと聞いた。ゆえに娘を彼に与えたのである」と言った武士気質の父透の勧めにシズが素直に応じた結婚のようです。感受性が強く感情の激しい内村にとって、素直でおだやかで辛抱強いシズとの出会いがあればこそ、この不遇の時代を乗り越えられたのでしょう。

そしてもうひとり、内村に非常に魅せられてアプローチしたのが、便利堂創業者、中村家次男の弥二郎でした。内村は、すでに八月十六日には岡田家にほど近い下立売通小川西入ルに移り住んでおり、新町通竹屋町下ルの便利堂から、丸太町通を渡ってすぐ、徒歩で一〇分ほどのところにありました。弥二郎の性格は企画性に富み、思いついたら即行動に移すタイプで、入洛する名士等に紹介状も持たずに訪問し知遇を得ることもしばしばだったといいます。おそらくこの明治二十六年夏からほどない頃には弥二郎は内村と知り合っていたのではないかと思われます。

翌明治二十七年三月十七日にルツ子が誕生します。娘の成長の喜びとはうらはらに、内村の生活はますます苦しくなるばかりでした。そんな窮乏生活の真只中の七月に講演したのが、この「後世への最大遺物」です。この講演のなかで、結論である「最大遺物とはなにか」という問いに対して内村は〈「失望の世の中ではなく、希望の世の中だ」と言うことを信じ抜いて生きる生涯〉であるとのべています。当時の内村の置かれた状況を考えた時、まさにこれを実践している内村の言葉として、聴講する若者たちに強い感動を与えたのではないでしょうか。

主な収入源は執筆活動でしたが、「著述によって得るところは実に僅かで、何か他の仕事にも手を染めねばならぬことは、今やさけがたくなりました」（明治二十七年一月二十七日付　ベル宛書簡）と吐露しているように、いよいよ本業以外の「アルバイト」で糊口をしのがざるを得なくなっていました。そうした仕事のなかで特に知られたものとして、「富岡鉄斎の長男、謙蔵の英語家庭教師」と「内国勧業博覧会の列品解説の英訳」があります。これらの斡旋にも便利堂が深くかかわっていたのではないかと推測されます。

中村家は代々「弥左衛門」を名乗る江戸時代から続く御所出入りの錫屋でしたが、明治の東京奠都により稼業は不振となりました。長兄徳太郎（のちに弥左衛門を襲名）は幼少より親戚の呉服商に修行に出されていたため、若干十四歳の次男弥二郎が新規事業として明治二十年（一八八七）便利堂を興します。富岡鉄斎と弥二郎とは、便利堂が明治二十二年に刊行した滑稽雑誌『文藝倶楽部』で表紙絵を寄稿してもらって以来のつながりがありました。鉄斎の居宅は室町通一条下ルにあり、便利堂から（また内村の家からも）近く、弥左衛門は明治三年生まれ、弥二郎は明治五年生まれ、鉄斎の長男謙蔵は明治六年と同年代でした。内村鑑三とのきっかけは弥二郎でしたが、明治二十七年後半には弥左衛門も中村家に戻って便利堂を手伝っており、兄弟そろって内村鑑三と親交を結んでいたと考えられます。国木田独歩の日記『欺かざるの記』の中に謙蔵と中村兄弟に親交があったことが記載されています。

「明日、帰京に決し、今日晩食に内村鑑三君主唱となりて、富岡、横浜、中村の諸氏余のために送別会食を某楼に開かれ、鶏肉を飽食したり」（明治二十九年八月二十六日）

独歩が上洛した経緯は後述するとして、ここに書かれた富岡とは謙蔵であり、中村が弥左衛門であることは確かと思われます。また鉄斎は、明治二十八年四月から京都で開催された第四回内国勧業博覧会の第二部審査官に任じられており、英文列品解説の仕事とのつながりが感じられます。いずれにしても、中村兄弟はこうしたネットワークを最大限に生かして内村鑑三の支援に動いていたことは間違いないと思います。

これらの支援を通じて中村兄弟が内村と親交を深める間も、いよいよ内村の生活苦は極まってきたようです。ついに見かねた中村兄弟は、家賃の支払いにも窮するようになった内村に中村家の離れを提供し、月二十五円を用立てて執筆活動を支援することとします。明治二十八年六月十三日付、新渡戸稲造宛の書簡には、その時の喜びをこう記しています。

「兄弟よ、実のところ、この四年間は、このオベッカ時代の中で自分の身を立てようとする僕にとり、恐ろしい苦闘の連続であった。幾度か僕は、破産の一歩手前まで追い詰められた。僕に頼る八つの胃の腑を支えることは、僕にはほとんどできなかった。しかし今は、ありがたいことに、どうにか安定した。当市のある書店主と契約し、彼は僕の文筆活動ために一ヵ月二十五円というすばらしい額を支給してくれることになった！　友よ、ほとんど独立人であるが、しかしほとんどである」

同じく新渡戸稲造にあてた九月八日付の手紙には「僕の新住所を書き留めておいてくれたまえ」「京都新町通竹屋町」とあり、同年夏頃には、中村家の離れに移っていることがわかります。そして、京都を離れる二十九年九月中旬までの約一年間を中村家に寄寓することになります。

中村家四男、竹四郎は、次のように当時を回想しています。

「私が五つくらいの頃だったと思う。当時、内村先生は兄の家の隣に住んでおられた。裏庭が共通だったので、よく令娘ルツ子さんと一緒にブランコにのったものです。ルツ子という名前が変わっているので、なぜあんな変わった名を付けたのか不思議に思っていた。あとで聖書の中に出てくることを知り、なるほどとうなずかれた」

創業からこの間、便利堂の主人は弥二郎でしたが、内村鑑三は長兄弥左衛門を便利堂主人と信じていたようです。非常に仲の良い兄弟だったので、一連の支援についても弥左衛門の了解なしには進めていなかったでしょうし、実際月々二十五円を支給していたのは弥二郎であっても、内村に対しては兄を立て、あくまでも次男という立場でいたことがこうした内村の誤解を生んだのかもしれません。しかし弥二郎はそれでよかったのだと思います。

中村家に寄寓し、ようやく生活が安定してきた内村鑑三は、国木田独歩が離婚の痛手で苦しんでいることを伝え聞き、京都への来遊を誘います。感激した独歩は、明治二十九年六月四日から八月二十七日までの約三ヶ月京都に滞在します。もちろん滞在先は中村兄弟の世話によるものです。そうした縁から、返礼の意味合いもあったのでしょう、独歩は度々便利堂で講演をしています。前述の『欺かざるの記』には「便利堂夜学校」と記載され、社員向けの教養講座のようなものと想像されます。

「八月二十日　午前ネルソン。昼飯、便利堂主人帰宅、鶏肉を煮る。午後一睡。

晩食後内村氏を訪問（後略）

八月二十一日（前略）ネルソンを書く。便利堂に教授にゆく（後略）

八月二十六日（前略）便利堂夜学校の小僧連のために一場の離別の語をなしたり」

国木田独歩に続き、翌月には内村鑑三も名古屋英和学校に赴任するため、京都を後にします。こうして「飢餓と苦闘の三年間」であった内村の京都流寓時代は、中村兄弟の力添えによって終りを迎えることができました。

『後世への最大遺物』の出版と弥二郎の上京

便利堂が『後世への最大遺物』を刊行したのが、内村鑑三が京都を去った後の明治三十年です。このことに関して、「なぜ、二十七年の講演をこの時に出版するのか」「中村家寄寓時に執筆したもので出版すべきものもあったのでは」と、今までいくつかの疑問が湧いていました。

この講演は、その年に刊行された講演録『湖畔論集』に収められています。もちろん、講演内容が評判良く、同書が売切などにより単行本として復刊を企画したのかもしれません。しかし、果たしてそれだけの理由だったのでしょうか。

明治33年（1900）7月　第1回夏期講談会（於　女子独立学校）
内村鑑三（前より2列目中央　40歳）と中村弥二郎（後ろより2列目左端　29歳）
写真：国際基督教大学図書館「内村鑑三記念文庫」蔵

これにはやはり弥二郎の強い思い入れがあったのではないかと思います。明治二十七年の夏期学校に弥二郎が参加したかどうかは定かではありません。少なくとも、講演録を読み強い影響を受けたことは間違いないと思われます。内村鑑三が京都を離れてしまい、ますます弥二郎は内村の思想に傾倒したのではないでしょうか。その背景には、便利堂を十年続けてきて、「自分はさらに何を為してどのように生きていくのか。このままでいいのか、新たな道に進むのか」という、当時まだ二十四歳の弥二郎の悩みがあったのではと思います。この『後世への最大遺物』の出版は、便利堂十周年の節目であるとともに、弥二郎の新たなる挑戦の宣言ではなかったでしょうか。

明治三十三年、弥二郎は東京の女子独立学校において学校長を務めていた内村鑑三が開催した第一回夏期講談会に参加します。この直前の三月、進む道に悩む弥二郎に、さらに大きな衝撃が加わります。妹のヒサが数え年十四歳で病没するという出来事です。そして翌三十四年には便利堂を弥左衛門と三男伝三郎に譲り、ついに内村を頼って上京を決行します。

弥二郎は内村鑑三宅にしばらく身を寄せ、内村の仕事を手伝ったりしていました。居候とはいえ、大志を抱く青年であり、懐中には蓄えも少々あり、内村に金銭的な迷惑をかけるものではありませんでした。しかし内村は、二ヵ月の間に弥左衛門に手紙を二度も出して弥二郎を京都に連れ帰るように申し出ます。

ある種自己中心的で感情の激しい、周囲に敵を作ることを厭わなかった天才児内村鑑三に対し、純粋な精神と自由な発想で人生を模索しようとしていた弥二郎とは、実際同じ屋根の下で暮らすには、あまりに方向性が違っていたのかもしれません。二度目の手紙を受け取った弥左衛門は、急いで上京したといいます。この時を境に、弥二郎は内村鑑三から離れ、数え年三十歳となる明治三十五年頃、幼馴染である西陣織物店の河井長蔵を頼って再度上京、明治三十六年末頃には、その独自の刊行物で日本の出版史に特異な光芒を放つ「有楽社」を創設し、旺盛な活動を展開していくことになります。

内村鑑三と弥左衛門の絆

この一件や、日露戦争などを挟みながらも、弥左衛門と内村鑑三の交流はゆるやかに続いていたようです。内村鑑三から弥左衛門へ宛てた往復書簡は、封書、はがき合わせて三十五通現存します。そ

明治 39（1906）年頃
内村鑑三（手前中心　数え 46 歳）と
弥左衛門（左　37 歳）、伝三郎（右　29 歳）

の一通目である明治三十九年（一九〇六）の文面からは、このあたりの様子がうかがえます。

「拝啓、陳《のぶれ》ば今回は久々にて御面会仕《つかまつ》り、旧交を温めるを得て欣喜《きんき》の至りに存《ぞん》じ候《そうろう》」

（明治三十九年十一月二十二日付封書）

これ以後、二人の交友は弥左衛門の死まで途切れることなく続きます。毎年十月になると弥左衛門から内村へ京の秋の味覚、松茸を送り、年末は内村から浅草海苔を返礼するのが恒例でした。毎年のように、京都に内村が仕事等で訪れたときは勝手知ったる弥左衛門宅に寄宿し、内村が北海道や那須に出かける際は弥左衛門が同行し顔を合わせました。また、何度か内村から便利堂に絵はがきを発注することもあったようです。

内村鑑三の書簡や日記で確認できる二人が会った日と場所は次の通りです。

・**明治三十九年十一月頃：京都**（前掲書簡）※挿図写真はこの時に撮影したものか。
・**明治四十三年十月頃：京都**（弥左衛門宛十一月一日付封書）
・**大正元年十一月頃：京都**

「拝啓、先月御地参上の節は種々と御配慮に与り誠に有難く、久振りにて御面会仕り旧交を温め、君の着々と堅実なる御事業に歩を進めらる、を拝見し、歓喜の至りに奉存候、今日でこそ許多の友人の小生を迎ふるあるも二十年前に在りては京都の地に在りて小生が友人として信頼するを得し者は君一人に止まりしことを回想し実に今昔の感に堪えず候、小生の神は必ず君に酬ゆるに其豊かなる恩恵を以てし給ふこと、信じ申候」（弥左衛門宛十二月二十一日付封書）

・大正五年十一月初旬頃：京都（弥左衛門宛十一月十八日付絵はがき）

「今回参上の節は篤き御待遇に與り感謝の至りに奉存候。殊に思出多き新町の御宅に二夜を過すことを得、親しく御家族に接するを得て大なる満足に有之候」

・大正七年三月頃：京都

「先般参上の節は心から御歓待に與り感謝の至りに存候。誠に京都に於ける我家に帰りしようなる感じ致し紙筆に尽し難き感謝満足に有之候」（弥左衛門宛三月十八日付はがき）

・大正七年七月：北海道

「且又本日は「名誉と恥辱」夥多部数御送り被下千萬有難く奉存候」（弥左衛門宛十月三日付封書）

「北海道行きも一年を過ぎ、君の落馬の紀念も遠からず」（翌年六月十四日付封書）※内村鑑三と長男祐《ゆう》之《し》の北海道旅行に弥左衛門も随行、後日弥左衛門はその時の様子を小さなコロタイプ写真帖『名誉と恥辱』（随行の名誉と落馬の恥辱）にまとめ、内村に贈った。

・大正七年十月十七日：京都（関西出張の帰り）

「二条橋より秋光に輝く三十六峯を眺め、後便利堂主人と共に青木君に招かれて鴨川の畔に筑前名物の水たき料理の馳走に与り、八時二十分発の夜行に乗り帰途に就いた」（内村鑑三の日記、以下「日記」）

大正９（1920）年頃。中村家裏庭で。
前列左より、内村鑑三（60歳）、内村シズ、中村まん（弥左衛門長女）、後列左より、弥左衛門（51歳）、山口菊次郎（知人）

・大正八年一月二十日：和歌山

「京都より便利堂主人来り相連れ立ちて和歌之浦見物に出掛けた」（日記）

・大正八年七月二十四日：那須（一ヵ月の避暑）

「我等一行は黒磯を経て二時半那須山腹の休養所に着いた、其所に京都便利堂主人の余を待つあるに会いし甚だ嬉しかった、彼に関東の山野を背景として三四枚の写真を撮られた」（日記）

・大正九年四月十五日：京都

「七時半多数の本願寺参詣者と共に京都駅に下りた、直に伴われて昔し懐かしき新町通り竹屋町下る便利堂主人中村弥左衛門方に到り、此所を二日間の本陣と定めた」（日記）

※この時、左記の句を自筆した聖書を贈る。

「京都　便利堂　中村家に贈る／生命の書なり　此書の崇めらるる時に　全家は安し」

・大正九年六月十五日：京都（妻シズを伴って）

「夕七時主婦と共に京都へ向け東京駅を発した、彼地に於ける彼女の実家の跡片附を為さんがためである」（日記、六月十四日）

「朝七時七条着、不相変《あいかわらず》新町竹屋町下る便利堂に本陣を構へた」（日記、六月十五日）

「拝啓　先日は両人参上仕り、長々滞在致し、御親切なる御もてなしに與り誠に有り難く奉存候而して今回は相方主人と主人との御交際に止まらずして、家族と家族との親密を篤うするを得て大悦に存候、如斯《かくのごと》くにして両家の交際が御互一代を以て終わらずして子供の代にまで継き候事は大なる幸福に有之候」（弥左衛門宛六月二十三日付封書）※挿図の写真はこの時に撮影されたものか。

・大正十年一月十九日：京都

「朝七時半京都駅着、四五の友人の出迎を受け、例の通り新町通り竹屋町下る便利堂方を宿とした」（日記）

便利堂製　内村鑑三肖像絵はがき（大正 12 年）

・大正十一年六月二十四日：京都

「昨夜七時半東京駅を発し、東海道汽車の中に一夜を過し、朝七時半京都七条に着いた、久振りの西下である、例の通り新町通り竹屋町下る便利堂に客となった」（日記）

・大正十二年一月三日：東京

「京都便利堂主人年賀のため態々《わざわざ》京都より訪れた。其好意謝するに余りありである。三十年前の昔を語り今昔の感に堪えな

かった。彼は朝来り夕辞し去った」（日記）

以上のように、現存資料で確認できるだけでも、その頻度は多く、特に大正中頃は年に数度、地方に出向いてまで面会する親密さです。書簡で内村は、度々弥左衛門のことを本名の「徳君（徳太郎）」と呼んでいます。こうした資料からは、内村の弥左衛門に対する心からの親愛と感謝の念が感じられます。日記には、滞在先である中村家の住所「新町通竹屋町下ル」が何度も繰り返し記載されています。この懐かしい住所は、貧窮時代の苦い記憶であるとともに、愛着深き思い出の場所だったのかもしれません。

大正十二年（一九二三）の正月に、弥左衛門が東京の内村鑑三を訪ねたのは先に挙げた通りです。内村が「わざわざ」と記しているように、この訪問には弥左衛門にとって、ある特別な思いを秘めたものではなかったかと想像します。

ひとつは、この年が明治二十六年（一八九三）の内村鑑三の京都滞在から数えてちょうど三十年という記念すべき年であり、このめでたい年を二人で祝いたいということ（あるいは本当に明治二十六年から弥左衛門は内村に面識があったのかもしれません）。この日、弥左衛門は内村鑑三に紀念の書を所望します。そこで内村が揮毫したのが「交友三十年　為便利堂主人」です（裏表紙に図版掲載）。そしてさらにこんな提案もしたのではないでしょうか。「先生が滞在された証として、紀念碑を建てようと考えています」と。

内村鑑三はその石碑のためにもう一枚「Taizai Kinen　1895–6　U.K.」を書し弥左衛門に渡しまし

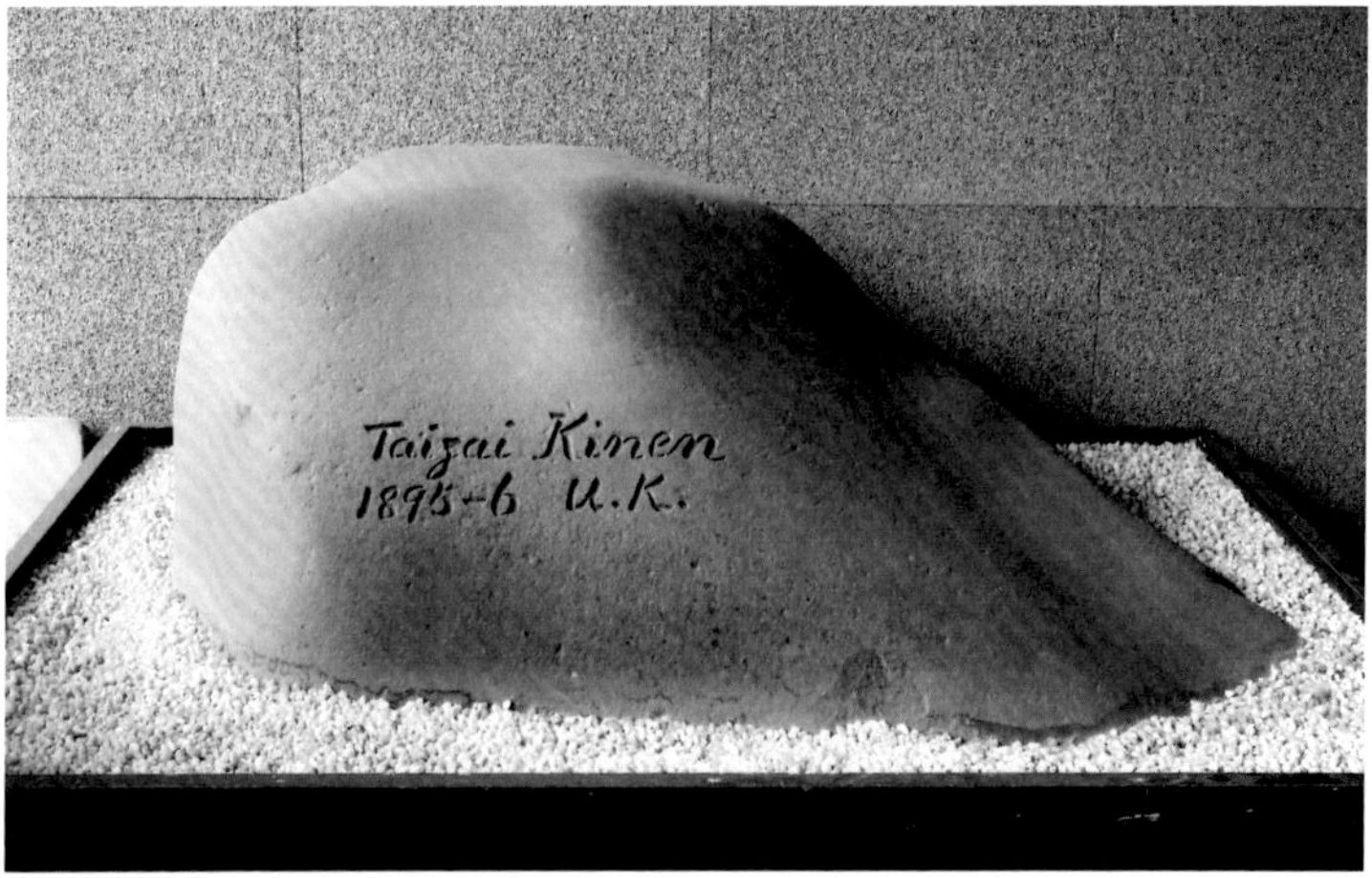

便利堂本社１階ロビーの内村鑑三滞在記念碑

た。同年三月二十九日付の内村の手紙に「かの庭石は如何なりました乎。まだ御据え付けに成りません乎。若し先般の刻込み文字が御不満ならば書直しても宜しくあります」とあることから、この年の中頃ぐらいには完成していたのではないかと思われます。この石碑は中村家の裏庭に設置され、現在は便利堂本社一階ロビーに移設されています。

そしてもうひとつの思いは、これが最後の面会になるかもしれないという覚悟ではなかったでしょうか。

「拝啓　その後御不快如何ですか　一同御心配申上げます」（弥左衛門宛　大正十三年二月十三日付はがき）

「京都便利堂主人中村弥左衛門、瀕死の病に罹り、一時は非常に心を痛めしも、今日は快方に向かいし由の報に接し秋眉を開いた。彼は今より三十年前余が京都在留の際、余の窮乏を救ふて呉れた人であった、余の大切な友人である。今彼を失ふは

堪へ難き苦痛である。神が長く彼を此世に留め置き給はん事を祈る」（大正十三年十二月八日　日記）

翌年の大正十三年には、弥左衛門が体調を崩し、一時は瀕死の病状に陥ったことがわかります。おそらく弥左衛門はこの数年体調が思わしくなく、これから先、内村鑑三と出会えるのも限りがあると感じていたとしても不思議ではありません。だからこそ、この交友三十年の年に何か形《メメント》にして残したいと思い立ったのだと思います。そしてその通り、この面会が最後となり、大正十四年（一九二五）一月二十四日、弥左衛門は息を引き取ります。

「京都便利堂主人中村弥左衛門永眠の電報に接し、悲みに堪へなかった」（日記）

弥左衛門の一周忌にあたる大正十五年一月六日に、内村鑑三は岡山の帰りに京都に立ち寄り、弥左衛門の墓参りをしています。

「朝八時一ノ谷を辞し、十一時京都に到り、旧友中村弥左衛門君の墓を見舞うた」（日記）

口絵に掲載した、紀念碑の前にたたずむ内村鑑三の写真はこの時撮られたものではないかと思います。視線をやや下に向け、三十年にわたる交友を回顧するような、少し寂しげな内村鑑三の表情が印象的です。内村も四年後の昭和五年（一九三〇）に没していることを考えると、この石碑はまさに両者最晩年における友情の証であると感じ入るとともに、これが便利堂の現在、そして未来にとってゆるぎない大きな礎であることをあらためて胸に刻み、ここで筆を置きたいと思います。

便利堂九代目主人　　鈴木　巧

※三版刊行にあたり、一部原稿を修正しました。

参考文献

『後世への最大遺物・デンマルク国の話』岩波文庫、改版

『内村鑑三全集』岩波書店

「京都時代の内村」室田泰一『内村鑑三研究』五号（一九七五年十二月）六号（一九七六年六月）

「富岡鉄斎と内村鑑三　京都、便利堂」新保祐司『季刊　イロニア』七号（一九九五年一月）新学社

『無遠慮のす、め――父母を語る』中村伯三、一九八四年、私家版

第三版刊行に当たって

中村弥左衛門（1870–1925）の墓
（京都・大蓮寺）

本「現代語抄訳」の初版刊行から早８年が過ぎ、おかげさまでこのたび第三版となりました。奇しくも本年は中村弥左衛門の百回忌に当たります。弥左衛門は、弥二郎の個性的なスタイルを昇華し、現在の便利堂の事業の基礎を作った人物です。便利堂一同さらに精進していくことを願い、その誓いを墓前に捧げたいと思います。

（2024 年 7 月 1 日）

［翻訳］大山国男（おおやま くにお）

一九四九年、茨城県に生まれる。十九歳で聖書の地イスラエルに渡り、キブツでヘブライ語を習得後ヘブライ大学で「ユダヤ思想史」を学ぶ。中退して後イギリス、フィンランドに私費留学、英語、フィンランド語を習得。日本に帰国して結婚、その後、南米パラグアイに移住。スペイン語を習得。六男一女に恵まれる。一旦日本へ帰国したが再移住し、イグアス移住地において日系人の教育環境整備のために奔走。三年後に末子と共に帰国、関東圏で三年間を過ごした後、妻と共に日本の原風景が未だ残る岩手県雫石町の町はずれ、大自然に囲まれたログハウスに住んで、六十六歳の現在は「未来日本の創生」を夢見つつ著作活動のかたわら土いじりに勤しんでいる。

現代語抄訳　後世への最大遺物

二〇一六年　七月　一日　初版発行
二〇一八年十二月二十日　再版発行
二〇二四年　七月三十日　三版発行

著　　者　内村鑑三
訳　　者　大山国男
発　行　者　鈴木　巧
発　行　所　株式会社　便利堂
〒六〇四-〇〇九三
京都市中京区新町通竹屋町下ル弁財天町三〇二
電話　〇七五-二三一-四三五一（代表）
MAIL　info@benrido.co.jp
http://www.benrido.co.jp/

印刷・製本　株式会社　便利堂